Dieses Buch

gehört

Emma
Müller

PRINZESSINNEN

Die schönsten Märchen

Lingoli® ist ein eingetragenes Warenzeichen und erscheint im
Lingen Verlag, 50679 Köln
© 2005 der deutschen Ausgabe by Helmut Lingen GmbH & Co. KG
© 2005 Dami International, Mailand
Alle Rechte vorbehalten.

www.lingoli.de

Printed in Italy

Tony Wolf

Prinzessinnen

Die schönsten Märchen

Lingoli

Aschenputtel

Es war einmal vor sehr, sehr langer Zeit.
Da lebte ein liebes Mädchen zusammen
mit seiner Stiefmutter und seinen beiden
Stiefschwestern in einem großen Haus.
Es wurde ‚Aschenputtel' genannt ...

Das war aber nicht immer so. Als Aschenputtels richtige Mutter noch lebte, war sie ein glückliches Kind. Leider starb ihre Mutter sehr früh und ihr Vater heiratete recht bald eine neue Frau. Diese Frau brachte gleich zwei eigene Töchter mit ins Haus, die sie viel mehr lieb hatte als das kleine Mädchen.

Eines Tages starb ganz plötzlich auch der Vater. Da begann eine harte Zeit für das Mädchen ...

„Schluss mit dem schönen Leben und dem Faulenzen! Dein Essen musst du dir ab jetzt verdienen, denn du wirst für uns arbeiten", sagte ihre Stiefmutter unbarmherzig. „Die Treppe muss gefegt werden. Spüle das Geschirr. Die ganze Küche muss geputzt und die Asche aus dem Ofen gekehrt werden. Also fang an zu arbeiten! Und wehe, ich finde noch ein Staubkorn auf dem Fußboden!" Was blieb da dem Mädchen anderes, als das zu tun, was ihm die Stiefmutter aufgetragen hatte?

Die Stiefschwestern dagegen hatten ein schönes Leben und mussten nicht arbeiten. Den ganzen Tag standen sie vor dem Spiegel und hatten nichts anderes im Sinn, als sich schön zu machen.

11

Vom frühen Morgen an bis zum späten
Abend arbeitete das arme Mädchen.
Die Kleider, die es trug, waren
schon ganz alt und schmutzig
von der Asche. Die Stief-
schwestern machten sich lustig
über sie: „Sieh mal, wie schmutzig du bist. Da müssen wir dir
einen schönen Namen geben",
kicherten und spotteten sie.
„Aschenputtel – das passt zu dir.
So wollen wir dich ab heute
nennen." Und so bekam
Aschenputtel seinen Namen.
„Aschenputtel, wenn du nicht
willst, dass die Mutter wieder
mit dir schimpft, dann mach
dich an die Arbeit und scheure
die Töpfe blitzblank!", riefen die
gemeinen Stiefschwestern und
lachten noch mehr. Doch Aschenputtel ließ die Stiefschwestern
reden und dachte still bei sich:
Irgendwann wird alles anders
sein. Dann werde auch ich
schöne Kleider tragen und in
einem großen Haus wohnen ...

Wenn Aschenputtel traurig war, ging sie in ihr
Zimmer. Hier waren ihre einzigen Freunde:
ein Täubchen, das jeden Tag in ihr Zimmer flog, und eine kleine Katze.
Oft träumte sie davon, wie ein Vogel
in die weite Welt fliegen zu können.

Eines Tages klopfte es an der Haustür.
Die neugierigen Stiefschwestern rannten
eiligst zur Tür und öffneten.

Da stand ein Bote des Königs und ver-
kündete: „Der Prinz gibt am Abend ein
großes Fest im Schloss. Alle jungen Mädchen sind eingeladen.“
„Mutter, Mutter, wir sind zum Fest des
Prinzen eingeladen!“, riefen die Stiefschwestern aufgeregt. „Wir wollen unsere
schönsten Kleider anziehen! Aschenputtel, schnell, mach dich an die Arbeit!“

13

„Ich ziehe mein gelbes Kleid mit dem Spitzenkragen an! Bügel es, Aschenputtel!", rief die eine. „Nein, erst muss sie sich um mein rotes Kleid kümmern!", rief die andere. „Ich will eine neue Schleife für meine Haare!" „Ich will eine neue Frisur! Aschenputtel, komm und hilf mir dabei!"

„Sorge für heißes Wasser, damit wir baden können!" Die beiden Mädchen stritten sich unentwegt und das arme Aschenputtel musste von der einen zur anderen laufen, um ihnen die Haarschleife, die Bürsten, die Handtücher und ihre Lieblingskleider zu bringen.

Schließlich war es Abend und alle waren fein herausgeputzt. Nur das arme Aschenputtel nicht. Niemand hatte daran gedacht, es mit auf das Fest zu nehmen. So saß es in der Küche in seinen schmutzigen Kleidern.

„Nun, Aschenputtel, wir gehen jetzt zum Fest. Dich können wir natürlich nicht mitnehmen, so schmutzig wie du bist. Und damit du dich nicht langweilst, wasche noch die Wäsche und scheure die Töpfe, bis wir wieder zurück sind", befahl die Stiefmutter und verließ mit ihren beiden Töchtern das Haus. „Immer nur arbeiten. Nie werde ich mitgenommen. Niemand hat mich wirklich lieb", seufzte das arme Aschenputtel und ging hinaus in den Garten ...

Es war bereits dunkel.
Nur die Sternlein funkelten am
Himmel und Aschenputtel konnte aus der
Ferne leise die Musik vom Schloss hören. Oh, das
arme Aschenputtel, es fühlte sich so schrecklich allein
und verlassen, dass es jämmerlich weinte.

Plötzlich erstrahlte ein helles Licht den Garten. „Erschrecke dich
nicht, liebes Kind. Ich bin eine gute Fee", sagte eine sanfte Stimme.
„Du bist so traurig, weil dich niemand mit auf das Fest genommen
hat, nicht wahr?", fragte die Fee leise und Aschenputtel nickte stumm.

„Nun gut, mein Kind! Wenn du es dir so sehr wünschst, auf dieses Fest zu gehen, dann will ich dir helfen. Ich wäre schließlich keine Fee, wenn ich nicht Wünsche erfüllen könnte", lachte die Fee, drehte dreimal ihren Zauberstab und sprach:

Abrakadabra,
eine Kutsche mit vier Pferden,
die brauchen wir!

Den Kutscher und zwei Pagen dazu
bringt mir das Aschenputtel
zum Tanze – im Nu!

17

Jetzt wurde es noch heller im Garten. Tausende kleiner Fünkchen schwirrten wie Glühwürmchen durch die Luft. Aschenputtel kam aus dem Staunen nicht heraus. Und da stand sie: eine Kutsche aus glitzerndem Gold. Vier weiße Pferde waren schon vorgespannt. Der Kutscher saß bereits vorne auf dem Kutschbock und hinten standen zwei Pagen in Uniform. Alles war so, wie es die Fee gewünscht hatte, und wartete nur darauf, mit Aschenputtel zum Schloss zu fahren ...

„So, das ist geschafft. Jetzt kannst du auf das Fest fahren", sagte die Fee zufrieden „Aber, aber …", stotterte Aschenputtel verwirrt, „in diesen alten Kleidern lässt mich sicher niemand ins Schloss." „Oh, wie dumm von mir", unterbrach sie die Fee. „Natürlich nicht, aber das haben wir gleich!"
Die Fee berührte Aschenputtel mit ihrem Zauberstab. Sofort verwandelten sich die alten Kleider in ein wunderschönes neues Kleid aus rosa Seide, mit Gold und Silber bestickt. Und ihre Schuhe? Das glaubt man kaum.
Aschenputtel trug plötzlich Schuhe aus feinstem Glas an ihren kleinen Füßen. Sie sah so wunderschön aus, dass nicht nur der Kutscher und die zwei Pagen, sondern auch die vier weißen Pferde sie bewundernd ansahen. Wie sollte sie der guten Fee nur danken? Aber dafür war gar keine Zeit.
„So, nun sollst du endlich zum Ball fahren, aber beachte: Verlasse das Fest vor Mitternacht, denn dann wird mein Zauber seine Kraft verlieren und alles wird wieder so sein wie vorher. Kein schönes Kleid mehr und auch die Kutsche wird nicht mehr da sein", ermahnte sie die Fee und verschwand. Aschenputtel überlegte nicht lange, stieg in die Kutsche und fuhr zum Fest …

Die vier weißen Pferde zogen die Kutsche schnell durch die Nacht und schon bald erreichte Aschenputtel das Schloss des Königs ...

Als Aschenputtel vor dem Schloss angekommen war und den hell erleuchteten Ballsaal mit den vielen festlich gekleideten Leuten sah, wurde sie ängstlich und traute sich nicht hinein.

Aber dann fasste sie sich ein Herz und sagte mutig zu sich selbst: „Nein, ich kehre nicht um. Ich habe es mir so sehr gewünscht. Selbst eine Fee hat mir mit ihrem Zauber geholfen. Das darf nicht umsonst gewesen sein."

Aschenputtel betrat den Ballsaal und alles verstummte. Sogar die Musiker hörten auf zu spielen. Alle waren von ihrer Schönheit wie verzaubert und fragten sich: Wer mag diese unbekannte Schöne wohl sein? Niemand erkannte sie, noch nicht einmal ihre Stiefmutter und ihre Stiefschwestern sahen, dass es niemand anderes war als das kleine Aschenputtel. Auch der Prinz fragte sich, wer sie wohl sei. „Vielleicht ist sie eine Prinzessin aus einem fernen Königreich?" „Mit so einem Kleid kann sie nur eine Prinzessin sein", flüsterte leise ein Diener dem Prinzen zu. „Musik! Spielt weiter! Wir wollen tanzen!", rief der Prinz und lud die unbekannte Schöne ein, mit ihm zu tanzen.

So tanzten sie einen Tanz nach dem anderen. Aschenputtel war so glücklich, dass sie gar nicht bemerkte, wie schnell die Zeit verging. Bis auf einmal ... DONG! DONG ... die alte Standuhr im Schloss zu schlagen begann. ... DONG! DONG! DONG! ... – gleich war es Mitternacht. „Es ist schon spät, ich muss gehen", sagte Aschenputtel zum Prinzen und rannte davon.
... DONG! DONG! DONG! DONG! ...

„Warte, schöne Prinzessin, lauf nicht weg, ich weiß noch nicht einmal deinen Namen und woher du kommst!"
Doch Aschenputtel hörte nicht auf ihn und lief einfach weiter. Der Prinz wollte das schöne Mädchen nicht einfach gehen lassen und rannte hinterher. Aschenputtel eilte schon die große Schlosstreppe hinunter. Sie war in so großer Eile, dass sie auf der Treppe über eine Stufe stolperte und einen Schuh verlor. Weil aber die Uhr die letzten Sekunden vor Mitternacht anschlug, konnte sie nicht zurück und musste den Schuh liegen lassen. ... DONG! DONG! DONG!
Mit dem letzten Gongschlag erreichte Aschenputtel das Ende der Treppe. Sofort verschwanden sein schönes Kleid, die goldene Kutsche samt dem Kutscher, den Pagen und Pferden.
Der Prinz war Aschenputtel bis zum Ende der Treppe nachgelaufen. Hier fand er den kleinen Glasschuh, den Aschenputtel dort in der Eile verloren hatte. Der Prinz hob ihn auf und fragte die Wachen: „Habt ihr eine Prinzessin gesehen?"

Die Wachen aber meinten:
„Nur ein kleines Mädchen
in alten Kleidern.
Niemanden sonst."

25

„Ich muss das Mädchen finden, dem dieser Schuh gehört. Sie soll meine Frau werden. Einen Boten will ich in alle Städte und Dörfer des Landes schicken, um nach ihr zu suchen", sagte sich der Prinz. So geschah es, dass folgende Botschaft verkündet wurde:

„Alle jungen Mädchen sollen diesen Schuh anprobieren. Diejenige, der er passt, wird die Braut des Prinzen!"

Der Bote ging in jeder Stadt, in jedem Dorf von Haus zu Haus, doch der Schuh passte an keinen einzigen Fuß. Irgendwann klopfte der Bote an die Tür des Hauses, in dem Aschenputtel wohnte. Die Stiefschwestern waren hoch erfreut, dass sie jetzt den Glasschuh anprobieren durften. Doch so sehr sie sich auch bemühten, der kleine Schuh wollte keiner von beiden passen. Die eine hatte viel zu große Zehen und bei der anderen wollte die Ferse gar nicht in den Schuh passen.

26

Da kam Aschenputtel herein. „Oh, da ist ja noch jemand. Versuch du es. Keiner soll mir nachsagen, ich hätte eine ausgelassen", sagte der Bote und gab Aschenputtel den Schuh. Aschenputtel zog den Schuh an und – oh Wunder – er passte ganz genau. „Du bist die Richtige! Endlich hab ich dich gefunden!", rief der Bote und strahlte vor Glück.

Die Stiefmutter und die Stiefschwestern machten lange Gesichter, aber es half nichts – nur Aschenputtel wurde mit einer Kutsche zum Schloss gefahren. Dort wartete der Prinz schon ungeduldig.

Als er nun Aschenputtel sah, konnte er sein Glück kaum fassen und fragte es: „Willst du meine Frau werden? Ich will dich lieb haben und es soll dir an nichts fehlen." „Oh ja, das will ich, denn ich glaube, dass es mir nirgend- wo besser geht als bei dir", gab Aschenputtel dem Prinzen zur Antwort. „So wollen wir bald Hochzeit feiern!", rief der Prinz und vor lauter Glück schlug sein Herz schneller.

Die Hochzeit wurde ein rauschendes Fest. Alle Untertanen waren einge- laden, nur Aschenputtels Stief- mutter und die Stiefschwestern durften nicht mitfeiern.

So hatte sich für das arme Aschenputtel alles zum Guten gewendet. Es lebte mit seinem Prinzen glücklich und zufrieden. Und wenn sie nicht gestorben sind, dann leben sie noch heute ...

29

Der Prinz

Vor langer Zeit lebte einmal ein König auf einer stolzen Burg. Er besaß ein mächtiges Königreich und viele Ritter dienten ihm. Des Königs ganzer Stolz war sein Sohn. Der junge Prinz konnte reiten und mutig kämpfen wie kein anderer im Land. Eines Tages sagte der König: „Sohn, du bist alt genug, nun sollst du heiraten. Ich habe schon eine Braut für dich auserwählt. Sie ist eine reiche Prinzessin." Der Prinz wollte aber keine Prinzessin heiraten, die er nicht kannte. So machte er sich auf den Weg, um sie kennen zu lernen ...

30

und die Prinzessin

Niemand im großen Königreich wusste, dass es noch ein kleineres Königreich hinter den Bergen gab. Hier
regierte ein alter König in einem
alten Schloss. Sein ganzer Stolz war
sein munteres Töchterlein, das er
über alles liebte. Es gab weder Ritter noch Wachen im Schloss, denn
seit vielen Jahren war es ruhig und
friedlich im Land.

Es geschah aber, dass ein böser Prinz
mit seinen Soldaten das Schloss über-
fiel. Da es keine Wachen gab, drang
der Prinz ins Schloss ein und forderte
vom König: „Gib mir deine Tochter
zur Frau. Nur so kannst du dein Königreich und das Leben aller retten."

Aber der alte König wollte seine geliebte Tochter nicht an einen solchen Bösewicht geben, doch das Leben aller im Schloss und im ganzen Land waren ihm auch sehr wichtig. So sagte der alte König weise: „Die Prinzessin ist noch zu jung zum Heiraten. Da wirst du dich wohl noch gedulden müssen."

In der Zwischenzeit hatte der junge Prinz aus dem großen Königreich die reiche Prinzessin, die er heiraten sollte, kennen gelernt. Doch sie war hochnäsig und gefiel ihm gar nicht. Der Prinz zog also wieder nach Hause und sagte zu seinem Vater: „Es ist mir egal, ob die Prinzessin reich ist. Ich will eine Frau, die mir gefällt." Der König erwiderte zornig: „Dann verlasse mein Reich und suche dein eigenes Glück!" So zog der junge Prinz mit seinem treuen Knappen in die Welt hinaus ...

Tief in einem dichten Wald verirrte sich der Prinz. Wie glücklich war er, als er auf einer Lichtung ein Holzhaus erblickte. Dort wohnte ein alter Mann. „Guten Tag, kannst du mir den richtigen Weg verraten, damit wir aus dem Wald herausfinden?", fragte der Prinz freundlich. Der alte Mann lächelte und antwortete mit seltsamen Worten:

♪ Nimm den Weg, der dich zum Monde führt, und bald dich Glück und Ruhm berührt. ♪   ♪ Nimm den Weg, der dich zur Sonne bringt, wenn dein Herz nach Liebe ringt. ♪

Zum Abschied schenkte er dem Prinzen noch einen kleinen Käfig mit einer Taube. Der Prinz blickte sich verwundert um. Na so etwas – da kreuzten sich zwei Wege hinter dem Haus: Der eine führte in Richtung Berge, dorthin, wo der Mond unterging. Der andere führte Richtung Osten, wo gerade die Sonne aufging. Da brauchte der Prinz nicht lange zu überlegen, denn die Liebe war es, die er suchte. So winkte er seinen Knappen zu sich und fröhlich ritten sie über den Weg, der zur Sonne führte.

Als der Prinz aus dem Wald herauskam,
befand er sich inmitten eines wunderschönen
Tales. Die Sonne schien über den Feldern
und in der Ferne sah er ein altes Schloss.
Er wusste nicht, wo er war, denn von diesem
kleinen Königreich hatte er ja noch nie gehört. Plötzlich entdeckte er am Waldrand ein
Mädchen, das Äpfel pflückte und mit einem klei-
nen Vogel sprach. Der Prinz hatte noch nie ein so hübsches Mädchen gesehen und musste es ansprechen: „Mädchen, du bist so schön wie die Sonne.
Ich habe mich in dich verliebt und will nicht mehr ohne dich sein. Willst du
mich heiraten?" Das Mädchens begann zu weinen und antwortete: „Mein
lieber Vater musste mich einem bösen Prinzen versprechen, den ich schon
bald heiraten soll. Wenn ich mich weigere, wird der Prinz jeden in unserem
kleinen Königreich von seinen Soldaten
töten lassen."

39

Der gute Prinz wollte helfen, aber alleine konnte er die Gefahr nicht abwenden. So machte er sich auf den Weg, um Hilfe zu holen. Zum Abschied schenkte er dem Mädchen den Käfig mit dem Täubchen und versprach: „Ich kehre zurück und werde dich heiraten."
In der Zwischenzeit wollte der böse Prinz aber nicht mehr länger auf seine Braut warten und ließ das schöne Mädchen mitten in der Nacht einfach entführen.
In seiner Burg, hoch oben in einem Turm, hielt er es gefangen. Zum Glück konnte es den Käfig mit dem Täubchen mitnehmen. Mit lieblicher Stimme sprach sie:

♪ *Flieg, Vöglein, flieg.* ♪
Bring mir den Prinzen, der mich liebt.

Dann öffnete sie den Käfig und die kleine Taube flog davon.
Der junge Prinz war bereits im mächtigen Königreich seines Vaters angekommen. Der König empfing seinen Sohn mit offenen Armen, denn es tat ihm Leid, dass er ihn damals fortgejagt hatte.
„Vater, es ist alles vergeben und vergessen, denn dadurch habe ich die richtige ...

... Braut gefunden. Sie ist
nicht reich, aber sie ist eine gutes
Mädchen", sagte der Prinz. Während er so sprach, setzte sich die kleine
Taube auf seine Schulter. Er erkannte sofort, dass seine Liebste in Gefahr
war. „Vater, ich muss aufbrechen! Aber ich bin bald zurück und bringe
meine Braut nach Haus!", rief er. Der König gab ihm sein schnellstes Pferd
und so machte sich der Prinz wieder in Begleitung seines treuen Knappen
auf. Die kleine Taube flog voran und zeigte ihnen den Weg ...
... Aber so tapfer der Prinz und sein Knappe auch waren und so gut sie mit
dem Schwert kämpften – alleine konnten sie nichts gegen die vielen
Soldaten des bösen Prinzen ausrichten.

„Wir schaffen es nur mit einer List", sagte der Prinz zu seinem Gefährten. Sie zogen sich dunkle Mäntel an und kletterten in der Nacht heimlich über die Mauer der finsteren Burg. Zu ihrem Glück schliefen die Soldaten, die Wache halten sollten, bereits tief und fest. So konnte der Prinz den Schlüssel für das Turmzimmer, in dem das Mädchen gefangen war, unbemerkt stehlen. Nun nahm die Taube den Schlüssel und flatterte damit in die Turmkammer des Mädchens. „Schnell, befreie dich und komm zu uns herunter!", rief ihr der Prinz leise zu. Doch plötzlich wachten die Soldaten auf, zückten ...

... ihre Schwerter und waren bereit zum Kampf. Wieder war das Glück auf der Seite des Prinzen und seines Knappen, weil die Pferde ganz in der Nähe abgestellt waren. So sprangen sie in ihre Sättel und der Prinz ergriff die Hand des Mädchens und zog es zu sich auf sein Pferd. Sie ritten, so schnell sie konnten, durch die Nacht und hatten schon bald die Soldaten abgehängt.

Im mächtigen Königreich angekommen, stellte der Prinz seine Auserwählte dem Vater vor. Er berichtete von dem bösen Prinzen und wie er die Prinzessin befreit hatte. „Nun, mein Kind, jetzt bist du in Sicherheit. Wir wollen einen Boten zu deinem Vater schicken, damit er erfährt, dass es dir gut geht. Und mit all meinen Rittern zusammen brechen wir auf, damit wir das Königreich deines Vaters schützen können", sagte der König. Und so geschah es.

Im kleinen Königreich herrschte große Freude über die Nachricht, dass die Prinzessin befreit war. Jetzt lernten sich auch die königlichen Väter kennen und waren froh darüber, dass sich ihre Kinder glücklich gefunden hatten. Über die Hochzeit war man sich schnell einig und es wurde ein rauschendes Fest. Bald darauf baute man eine Brücke. Damit waren die beiden Königreiche für immer miteinander verbunden. So konnte im Fall einer Gefahr der mächtige König Soldaten ausschicken und das kleine Königreich beschützen. Der Prinz und die Prinzessin lebten glücklich mal in einem, mal im anderen Königreich. Und wenn sie nicht gestorben sind, dann leben sie noch heute ...

39

Dornröschen

Vor langer, langer Zeit lebten einmal ein König mit seiner Königin in einem großen Schloss. Ihnen ging es gut, aber trotzdem war die Königin nicht glücklich. „Ich wünsche mir so sehr ein Kind", sagte sie traurig. „Nun, wenn du es dir so sehr wünschst, dann wird dieser Wunsch auch in Erfüllung gehen", sagte der König zur Königin. So geschah es, dass den beiden schon bald ein kleines Töchterlein geschenkt wurde. „Wir werden ein großes Fest feiern! Sogar die Feen will ich einladen!", rief der König vor lauter Glück. Der König schickte Boten ins Land, um die Feen einzuladen. „Sieben Feen haben wir gefunden und eingeladen, lieber König", sagten die Boten, als sie von ihrer Suche zurückkehrten.

Der Tag des Festes rückte immer näher und dann war es endlich so weit. Alle Untertanen machten sich auf den Weg zum Schloss, denn alle wollten die kleine Prinzessin sehen. Schließlich kamen auch die Feen, und jede von ihnen hatte ein besonderes Geschenk für das Kind.

„Aber erst einmal wird gegessen. Ihr habt alle einen weiten Weg auf euch genommen", meinte der König und bat alle zu Tisch ...

Die Feen durften in der Nähe des Königs an einem Tisch mit goldenen Tellern Platz nehmen, und die Diener brachten das Essen herein. Es roch köstlich und alle hatten großen Appetit.

Da betrat eine weitere, alte Fee den Saal. Ohne den König und die Königin zu beachten, ging sie geradewegs zum Tisch der anderen Feen. „Sieh mal an, hier seid ihr also alle versammelt! Warum wurde ich nicht eingeladen? Glaubt ihr vielleicht, ich hätte kein Geschenk für die Prinzessin?", fauchte sie zornig. Alle erschraken über die wütende Fee. „Natürlich, es gibt acht Feen in meinem Königreich!", rief der König und forderte: „Sofort noch einen Stuhl, einen Teller und einen Becher für unseren Gast! Bitte entschuldigt, aber es war keine böse Absicht, Euch nicht einzuladen", versuchte er die alte Fee zu besänftigen.

„Nun, einen Platz an diesem Tisch will ich jetzt nicht mehr,
aber dein Kind soll trotzdem mein Geschenk bekommen",
lachte die Fee höhnisch in den Saal.
Mucksmäuschenstill war es, keiner wagte mehr zu sprechen
oder etwas zu essen. Indessen hatte die siebte der geladenen
Feen alles mit angehört. Sie gab sich aber nicht zu erkennen,
sondern hielt sich verborgen ...

Die Feen traten an die Wiege und beschenkten das Kind.
„Du wirst wunderschön sein", sagte die erste und schenkte einen Spiegel.
„Du wirst weise sein", sagte die zweite und gab ein Buch. „Alle werden dich lieben", fügte die dritte hinzu und reichte einen Blütenkranz. „Singen wirst du wie die Nachtigall", versprach die vierte und überreichte einen goldenen Vogel. „Jedes Instrument wirst du spielen können", war der Wunsch der fünften Fee. „Mit diesen Schuhen wirst du tanzen wie eine Elfe", sagte die sechste.
Dann schritt die nicht geladene Fee nach vorne. „Hört mir alle gut zu! Das ist mein Geschenk: Die Prinzessin wird sich an der Spindel eines Spinnrades stechen und tot umfallen!",
grollte sie mit erhobenem Zauber-
stab – und verschwand!
Alle fuhren vor Schreck
zusammen und wollten
nicht glauben, was
sie da gehört hatten.

Da kam die siebte der geladenen Feen aus ihrem Versteck und rief: „Leider kann ich diesen Fluch nicht aufheben, aber ich kann ihn lindern! So soll die Prinzessin nicht sterben, sondern in einen hundertjährigen tiefen Schlaf fallen."

Der König wollte sein geliebtes Kind vor dem Fluch bewahren und schickte Boten aus, die Folgendes verkündeten:

„Auf des Königs Befehl darf niemand mehr ein Spinnrad besitzen. Jeder muss sein Spinnrad abgeben. Wer sich weigert, wird bestraft und muss ins Gefängnis!"

Alle Spinnräder wurden auf großen Wagen gesammelt und verbrannt. Zu guter Letzt mussten auch alle, die im Schloss wohnten, ihr Spinnrad abgeben. Doch hoch oben im Schlossturm wohnte eine alte Frau. Sie lebte dort ganz alleine und saß den ganzen Tag an ihrem Spinnrad und spann die Wolle. Die anderen Schlossbewohner hatten die alte Frau und das Spinnrad schon ganz vergessen. Obendrein war sie fast taub. Daher konnte sie den königlichen Befehl, dass alle Spinnräder abgegeben werden müssen, nicht hören.
So geschah es, dass doch ein einziges Spinnrad im Königreich übrig blieb.

Die Jahre vergingen
und die Prinzessin
wurde von Tag zu Tag
schöner. Alle bewun-
derten sie, wie hübsch
sie sang und tanzte. Der König
und die Königin waren so glücklich mit ihrem Kind, dass sie den
bösen Fluch der Fee mit der Zeit
vergaßen. ...

An einem Sonntagnachmittag sagte sich die Prinzessin: „Mir ist so langweilig. Vielleicht gibt es hier im Schloss ja etwas Geheimnisvolles zu entdecken." So machte sie sich auf, um das Schloss zu erkunden. Sie ging durch viele Zimmer, große Säle und über lange Flure. Schließlich gelangte sie an eine Tür, die sie noch nie zuvor gesehen hatte. „Was mag sich wohl hierhinter verbergen?", fragte sich die Prinzessin und öffnete vorsichtig die Tür.

Da war eine steile Treppe, die
in den Turm des Schlosses führte.
Neugierig stieg die Prinzessin hinauf, bis sie an eine kleine Tür gelangte. Vorsichtig öffnete sie auch diese Tür. Da saß die alte Frau mit ihrem
Spinnrad. Noch nie zuvor hatte die Prinzessin ein Spinnrad gesehen
und fragte verwundert: „Was machst du da, gute Frau?" „Nun, ich spinne
Wolle", gab die alte Frau zur Antwort. Das Rad des Spinnrades drehte
sich so schnell und die Spindel sprang eifrig hin und her, so dass die
Prinzessin Lust bekam, das Spinnen auch einmal zu versuchen. Sie griff
nach der Spindel – aber kaum hatte sie diese berührt, stach die Spitze
in ihren Finger und sie fiel zu Boden.

Nun war der Fluch doch in Erfül-
lung gegangen. „Wird unser liebes Kind jetzt sterben?", fragte
die Königin weinend. Traurig trugen Diener die Prinzessin auf ihr Bett. Alle
bemühten sich, das gute Kind zu wecken – doch es half nichts.

Als die Vöglein des Waldes kamen und sahen, was geschehen war,
zwitscherten sie, so laut sie konnten. Aber auch sie konnten die
Prinzessin nicht wecken. „Lasst uns den Feen berichten, was wir
gesehen haben. Vielleicht können sie helfen", sangen sich die Vögel
zu und flogen in den Wald.

Als die Feen davon hörten, wurden sie traurig, denn keine konnte der Prinzessin helfen. Aber die jüngste Fee rief:
„Damals habe ich den bösen Fluch gelindert. Ich will nach der Prinzessin schauen!" Die Fee fand die Prinzessin schlafend und nicht tot, so wie sie es gewünscht hatte. „Nun wird die Prinzessin einhundert lange Jahre schlafen und wenn sie erwacht, soll alles so sein wie zuvor. Darum sollen alle im Schloss mit ihr schlafen, bis ein Prinz kommt und die Prinzessin wach küsst!"

So geschah es. Der König und die Königin, die Diener und die Wachen, der Koch und die Magd – ja selbst die Hunde schliefen ein ...

Die Zeit verging – und um das Schloss herum begann eine Dornenhecke zu wachsen, die nichts und niemand durchdringen konnte.

So geriet die verwunschene Prinzessin bald in Vergessenheit.

Es war aber so, dass gerade an dem Tag, als die einhundert Jahre vorüber waren, ein Prinz in diese Gegend kam. „Oh, ein Schloss! Wer mag dort leben? Ich will hingehen und es erkunden", sprach der Prinz und wollte sich mit seinem Schwert einen Weg bahnen. Doch die Zweige der Dornenhecke sprangen wie von selbst auseinander und ließen ihn hindurch. Er trat ins Schloss ein und fand alles im tiefen Schlaf. So ging der Prinz verwundert durch das ganze Schloss ...

... und gelangte schließlich
in das Zimmer mit der
schlafenden Prinzessin.
„Oh, wie schön sie ist!",
rief der Prinz – und küsste
sie. Sogleich schlug die
Prinzessin ihre Augen
auf und war gerettet.

Jetzt erwachten auch alle anderen im Schloss aus ihrem Schlaf. Selbst die Dornenhecke blühte und bedeckte das ganze Schloss mit Rosen. „Ihr habt uns von dem bösen Fluch erlöst. Habt Dank! Das wollen wir feiern. Seid unser Gast", sagte der König überglücklich zum Prinzen. Es wurde ein rauschendes Fest und alle waren eingeladen, auch die sieben guten Feen. Die achte Fee war auch dieses Mal nicht eingeladen, aber niemand brauchte sich vor einem bösen Fluch zu fürchten. Die alte Fee hörte davon, dass die Prinzessin nicht an ihrem bösen Zauber gestorben war. Darüber war sie so verärgert, dass sie ihre Sachen packte, das Königreich verließ und nie wiederkehrte.

Nun sprach der König zu seinen Gästen: „Diesem tapferen Prinzen will ich einen Wunsch erfüllen, weil er uns alle erlöst hat." Der Prinz überlegte nicht lange und sagte: „Eure Tochter ist noch schöner als die Rosen, die das Schloss umgeben. Ich kann nicht mehr ohne sie leben. Gebt sie mir zur Frau." Der König sah seine Tochter fragend an. „Ja, Vater, diesen Prinzen heirate ich gerne. Wer so mutig ist, wird sicher immer gut zu mir sein", gab die Prinzessin lächelnd zur Antwort.

Alle tranken auf das Wohl des neuen Paares, wünschten ihm Glück, Gesundheit und viele Kinder. Fortan hieß die Prinzessin ‚Dornröschen' und lebte glücklich und zufrieden im Schloss der Rosen. Und wenn sie alle nicht gestorben sind, dann leben sie noch heute …

Inhalt